Ein nachdenklicher Rückblick

auf einen langen Abschnitt meines Berufslebens.

Die Zeit war trotzdem super

Die erste Unterbrechung

Die Berufung vor dem Beruf

Sie sollten wissenschaftlicher Grundlagenforschung dienen. Meine Reisen nach Tunesien. Taten sie auch und am Ende wurde daraus eine Arbeit mit über 200 Seiten. Der Zweck heiligt bekanntlich die Mittel. Ein geländegängiges Auto war dafür gewissermaßen das Mindeste. Zu der Zeit stand noch nicht jeder Parkplatz voller schöner SUVs. Ein Landrover war noch das Maß aller Dinge.

Nicht einfach so, sondern ausgerüstet mit allem, was große Forscher so brauchen: Dachzelt, Ersatzkanister, Wassertank und Greifzug. Nicht zu vergessen, Unmengen an Ersatzteilen und Werkzeugen.

Die Lernphase in Sachen Automobil nahm ihren Lauf. Man lernte Kurbelwellen von Kardanwellen zu unterscheiden und musste ab sofort alle Schrauben mit dem richtigen Drehmoment anziehen. Selbst Schweißarbeiten gehörten zum handwerklichen Repertoire.

Als das Auto seine erste Fahrt nach Tunesien überstand, kam die große Herausforderung mit dem fast perfekten Gefährt. Ganz perfekt war es nie - wie auch? Aber für eine lange Reise war alles gerüstet. Im Kopf hat aber wohl noch etwas gefehlt, sonst hätte der kleine unfreiwillige Ausflug ins Gelände nicht mit einem Kopfstand geendet.

Aufgeben gilt nicht

Nächstes Auto, neues Zelt.

Um ja auch alles, was man so erlebt auf solchen Touren, der Menschheit auch in gebührenden Worten mitteilen zu können, kam nach dem Geographiestudium ein journalistisches Aufbaustudium. Einerseits, weil sowieso Zeit war. Denn bis die endgültige Entscheidung fiel, nicht in Algerien arbeiten zu können, dauerte es, und nichts lag näher, als sich in der Wartezeit in einem weiteren Studium fort zu bilden.

Andererseits hat mich der Journalismus schon immer fasziniert. Damit war der Keim, weg von der Wissenschaft, hin zum gefälligen Schwafeln endgültig gepflanzt. Bald war die Wissenschaft weit weg und aus dem Geoökologie-Forscher wurde der begeisterte Fürsprecher der Autoindustrie.

Der Golfball (im Büro) hat sein Ziel zerstört.

Ohne ausdrückliches Zutun aller Mitarbeiter wurde
einst die berühmte *Ehe im Himmel* geschlossen. Wer
nicht jubelte hatte einen etwas schwereren Stand. Aber
es gab ja genügend Claqueure, die die nötige
Anfangseuphorie verbreiteten. So versuchten sich
Daimler und Chrysler in gemeinsamer Autostrategie.
Am Ende vergeblich, wie man längst weiß. Während
der wenigen Ehejahre war der Job durchaus spannend.
Allein schon die globalen Zeitdifferenzen - schließlich
war auch Asien ein weiterer Schauplatz geworden -
machte die Pressearbeit allerdings nicht gerade zum
Spiel. Aber für's Spielen wurde ja auch nicht bezahlt.

Erfolg ist etwas anderes

und inzwischen Geschichte!

Dabei war bei Daimler und Chrysler schon die Grundvoraussetzung eher spekulativ. Einerseits sollte der US-amerikanische Markt für Mercedes noch besser erschlossen werden und andererseits erhoffte man sich durch die schiere Größe eine bessere Einkaufsposition für Fahrzeugteile auf dem weltweiten Markt.

Die Bedenken der Kritiker, die das hohe Image der Marke Mercedes gefährdet sahen, wurden mit Argumenten der größeren Marktdurchdringung und letztendlich besseren Erträgen gekontert. Eine Verwässerung der Angebotspalette schien mittelfristig beherrschbar. Obwohl einige Modelle nicht nur bei genauerem Hinsehen schon sehr ähnlich waren. Nur die von Chrysler waren billiger. In jeder Hinsicht. Und von der Nähe zur Nobelmarke Mercedes profitierten die Chrysler Modelle. Mercedes konnte vom Image her nur verlieren. Und tat es auch.

Vom Hersteller zum Zulieferer

Mehr Verantwortung, aber ganz anders

Auto-Hersteller, zumal die großen anerkannten, tun sich schwer, mit ihrer Umgebung in Augenhöhe zu kommunizieren. Wie auch? Residieren sie doch unangefochten immer ein Stockwerk höher. Mindestens. Und von selbiger Warte aus, gewissermaßen aus Penthouse-Höhe, liegt ihnen die Zuliefererwelt natürlich zu Füßen.

Die Hersteller wollen und ihre Zulieferer sollen. Und zwar gefälligst.

Zulieferer sind arm dran. Sie müssen nicht nur einem Auftraggeber gegenüber solidarisch sein, sondern gegenüber allen. In der Regel beliefern sie ja unterschiedliche, aber jeder einzelne Kunde muss sich fühlen dürfen wie der einzige. Das ist im normalen Alltag schon kompliziert genug - nicht mit Jedem ist der zu erzielende Maximalumsatz wirklich relevant. Das darf man ihn um Gottes Willen aber nicht merken lassen.

Richtig anstrengend wird die Beziehung zwischen Zulieferer und Hersteller regelmäßig bei Veröffentlichungen, wie zum Beispiel Pressetexten. Der Text muss neutral genug sein, die ‚Wettbewerber' weder zu verprellen noch der Konkurrenz womöglich unbotmäßige Hinweise zu liefern. Gerade die Veröffentlichung von sehr guten Zahlen - Stückzahlen ebenso wie Umsatzzahlen dienen doch (gefühlt) nur dazu, den Druck auf den Zulieferer zu erhöhen und die Preise zu senken!

Hersteller und Zulieferer lieben sich nicht

Die Tonalität der Berichterstattung zu Gunsten des

Zulieferers ist kaum zu steuern. Vor allem deshalb nicht, weil über die Branche, also Hersteller und Zulieferer, meist dieselben Journalisten berichten.

Geschäftsberichte sind deshalb wahre Tretminen. Mit welchen Bildern, welchem Text, in welchem Umfang wird ein erfolgreiches Geschäftsjahr bescheiden genug charakterisiert? Und welches Titelbild darf ein solches Schriftstück zieren? Manche Produkte sind separat betrachtet nicht fotogen genug. Aber in welchem Kundenauto? Alle Kunden können nicht vertreten sein. Schon wieder den Wichtigsten hervorheben? Das geht auch nicht, den hatte man schon im Jahr zuvor bedacht. Ausgewogenheit ist der reinste Horror. Jedes Jahr aufs Neue. Die Hersteller machen sich gar nicht klar, wie ihre Zulieferer leiden. Klaglos

Ganz im Gegenteil: Die Hersteller nutzen ihre Marktstellung ganz direkt, um die Zulieferer zu immer noch größeren Zugeständnissen zu zwingen. Indem sie sich mehrere mit den gleichen Produkten halten, können sie sie bequem gegeneinander ausspielen. Bei Preisverhandlungen, Lieferfristen und Qualitätsanforderungen. Gerne auch bei späteren Änderungswünschen. Am liebsten kurz vor

Serienanlauf oder Markteinführung. Im kleinen Kreis beim Hersteller wird darüber offen gesprochen, gegenüber dem Zulieferer wird natürlich die dauerhafte Partnerschaft beschworen.

Diese wird aus Sicht des Zulieferers spätestens dann zur Nagelprobe wenn es um besondere Veranstaltungen geht. Zum Jubiläum des Lieferanten können selbstverständlich nicht Alle eingeladen werden. Aber natürlich sollen die Wichtigsten die Feier schmücken. Nur, wer ist für diesen Moment wichtig? Der, mit dem man den meisten Umsatz macht? Der, der auch sonst in der Branche einen wohlklingenden Namen hat? Oder der, mit dem man sich eine gemeinsame Zukunft wünscht? Oder ist nicht viel wichtiger, denjenigen mit einer Einladung zu bezirzen, bei dem man mit den Ansprüchen oder Versprechungen hinterher hinkt? Es besteht definitiv eine große Chance, viel falsch zu machen. Hier einmal ganz abgesehen von sonstigen Würdenträgern, Politikern, Kirchenvertretern und langjährigen Ehemaligen.

Zulieferer haben es schwer und machen es sich selbst nicht leicht. Wenn sie sich doch einmal trauen würden, ihre Meinung zu sagen oder sie einfach durchzusetzen! Aber da wird lieber in Solidarität untereinander die schwierige Situation bejammert und still weiter gebuckelt wie schon immer. Die Angst davor, den nächsten Auftrag womöglich an die Konkurrenz zu verlieren, ist viel zu groß. Gegenbeispiele die einsamen Ausnahmen.

Wer bin ich?

Zwischen den Stühlen

Einerseits nicht ausreichend wahrgenommen zu werden und zugleich doch wesentlich zum Erfolg des Herstellers beigetragen zu haben, treibt zum Teil seltsame Blüten. Zum Beispiel auf den Automobilmessen. So richtig von Bedeutung sind ohnehin nur wenige - und es sind vor allem die internationalen, auf denen gezeigt wird, was man drauf hat. Die Automobilhersteller punkten wie selbstverständlich mit ihren neuesten Modellen. Vor Fachpublikum und potentiellen Kunden. Und die

Zulieferer? Haben auf solchen Reputationsmessen *eigentlich* nichts verloren.

Die Besucher interessieren sich in erster Linie für Autos und nicht für Schiebedach- oder Felgenhersteller. Ein Fachbesucher vielleicht gerade noch, aber schon die Journalisten nicht wirklich. Wem wollen sie als Messebericht die Vorzüge eines außen laufenden Schiebedachs zumuten? Ihre Redaktion kann es nicht wollen, weil sie weiß, dass ihre Leser/Hörer/Seher daran wenig Interesse haben. Warum also Platz für Nachrangiges opfern?

Niemand mag mich

14

Um dennoch die Aufmerksamkeit der Medien zu erreichen - vielleicht erbarmt sich ja doch der eine oder andere Medienvertreter - wird im Vorfeld viel Zeit auf die Anmache der Journalisten verwendet. Sie werden nach der Einladung nicht nur nochmals gefragt, ob sie denn nicht doch den Messestand besuchen wollen, sondern auch mit vermeintlich fast geheimen Informationen vorversorgt. Jeder einzelne kann sich dann wie ein Insider fühlen und zugleich sicher sein, dass er vor Ort sehr bevorzugt behandelt wird. So wird vielleicht doch noch was aus dem Artikel oder dem Bericht.

Zulieferer sind - was die Berichterstattung betrifft - eigentlich arme Schweine.

Zurück zum Hersteller

Neues Spiel, anderes Glück

Die Notwendigkeit, seinen Unterhalt mit ehrlicher Arbeit verdienen zu müssen, treibt oft seltsame Blüten. Nicht einmal uninteressante. Und niemand hat behauptet, dass es immer Pressearbeit sein muss. Warum zur Abwechslung nicht mal den Kundenbetreuer spielen?

Mit der Erfahrung, die man so von den verschiedenen Fronten mitbringt, müsste sich doch ein Kundenberater daraus machen lasen! Und plötzlich hilft sogar der einst für die wissenschaftliche Laufbahn erworbene Doktor-Titel, die Kunden zu bezirzen! Niemand stört sich daran, dass die Spezialkenntnisse eher in Oasen, denn in der Welt der Preise und Produktvorzüge von schnellen, teuren Autos erworben wurden.

Bei genauerem Hinsehen – sprich, nach einer gewissen
Zeit der Eingewöhnung - spielen die Ausbildung oder
das Studium ohnehin nur noch eine untergeordnete
Rolle.

Was sind schon ein paar Kilometer Stau?

Autos sind Mittel zum Zweck

- nüchtern betrachtet

Das sehen die Hersteller naturgemäß anders. Daran muss man sich als Mitarbeiter natürlich gewöhnen. Für die sind Autos das Maß aller Dinge. Jedes neue Modell ist ein einzigartiger Meilenstein und verkörpert zugleich eine neue, nie dagewesene Blechwerdung in der Automobilgeschichte. Und entsprechend werden Werbung und Information darauf abgestimmt.

Alles (nicht) neu

Sind die Lampen vorne nicht mehr nebeneinander, sondern übereinander, haben wir prompt ein neues Modell vor uns. Natürlich wurde auch sonst ziemlich jedes Detail neu erfunden. Das sieht man zwar nicht, aber es ist trotzdem so. Und so hat es auch jeder zu honorieren. Zuerst die internen, dann die externen – die potentiellen Kaufinteressenten.

Wer die wahrhaft bahnbrechenden Neuigkeiten nicht erkennt, sie womöglich für reine Kosmetik hält, ist ein Banause und das Vehikel ohnehin nicht wert.

Ich erinnere mich noch gut daran, wie beispielsweise die zu meiner Zeit neu auf den Markt gekommene A-

Klasse von Mercedes, aus der Sicht des Herstellers, eine ganz neue und vor allem mit nichts vergleichbare Produktlinie begründen würde. Wehe, wer in diesem Fahrzeug einfach nur eine gelungene Weiterentwicklung anderer kleiner Konzepte sehen wollte. Gar den Blick zu Wettbewerbern schweifen ließ, um dort nach Alternativen Ausschau zu halten. Die konnte es schließlich ja gar nicht geben! Wozu also einen Vergleich starten? Der normale Blickwinkel, der allzu schnell nach Vergleichsmöglichkeiten schielte, war verpönt. Schließlich konnte ein fremdes Auto gleichen Preises, gleicher Länge oder gleicher Fahr-Leistungen nicht im Entferntesten konkurrieren. Einzig war nur das neue Produkt und über jeden Vergleich erhaben.

Die Realität holte das Marketing allerdings immer recht schnell ein. Ließen sich die ersten Berichterstatter dank penetranter Berieselung noch einschüchtern - das Neue wurde häppchenweise bekannt gemacht, um so etwas wie einen Spannungsbogen zu erzeugen - so rochen die etwas gewiefteren Journalisten den Braten recht schnell und berichteten mehr oder weniger sachlich.

Die Leser/Hörer dankten es ihnen. Gerade Berichte über neue Modelle finden (noch) immer großen Anklang und dienen letztlich durchaus der Entscheidungsfindung bei einem potentiellen Neukauf. Und dafür braucht es eben das Für und Wider.

Nicht jeder Kunde ist willens, sich nur auf die Reklame der Hersteller zu verlassen. Dazu sind die Erwartungen und Ansprüche an ein Fortbewegungsmittel eben doch zu unterschiedlich. Und auch wenn es sich im privaten

Fall nur um ein Konsumgut handelt so ist ein Auto tendenziell doch viel mehr. Wie sonst kämen so viele Geschichten und Sprüche zu Stande, die das Heilig's Blechle zum Inhalt haben und maßloses Entsetzen beim ersten Kratzer? Es muss ja nicht soweit kommen, dass man sein Auto mit ins Schlafzimmer mitnimmt - aber es wäre auch nicht das erste Mal, dass man von besonderen Liebeszuwendungen hört.

Verschmähte Liebe

Auch andere Väter haben schöne Töchter

So sieht das aus, wenn man denkt, es müsste immer Porsche sein.

Die Wertschätzung der Porsche Mitarbeiter hängt an der finanziellen Beziehung. Wer nicht in die Betriebsrente einzahlt, verliert die Bindung ans

Unternehmen. Allen Beteuerungen sozialer Verantwortung zum Trotz. Nun hat ein Wunschauto freilich auch nichts mit sozialer Verantwortung zu tun.

Man mag es kaum glauben, aber das Leben geht weiter, egal mit welchem Auto.

Längst ist die Erkenntnis gereift, dass es Vieles gibt, das viel mehr wert ist um ihm Zeit zu widmen. Die Familie ist nur ein Beispiel, aber das Wichtigste.

24

ISBN 9781537694207

9 781537 694207

90000

Hugo Ball

Tenderenda der Phantast